Conserver la Couverture

Notice Biographique

PIERRE VARIN.

Lin 27 20063

(1854)

NOTICE BIOGRAPHIQUE.

PIERRE VARIN.

Pierre-Joseph VARIN est né le 17 septembre 1802, à Brabant-le-Roi (Meuse), sur la frontière même de la Lorraine et de la Champagne, mais sur la rive lorraine de cette frontière. C'était à cette province qu'il appartenait par sa famille, et son caractère tenait beaucoup plus de l'impétuosité lorraine que du flegme champenois; son enfance, son adolescence même, furent assez difficiles; l'extrême ardeur de sa nature s'accommodait peu de paisibles études; et de même que Bernardin de St-Pierre était un écolier peu assidu à la classe, cherchant, quand il avait lu la vie des Pères du désert, à réaliser dans quelques solitudes éloignées du Hâvre d'un kilomètre ou deux, cette existence d'ermite qui le charmait dans les livres ; de même, notre futur érudit, encore peu sensible aux charmes des études grecques et latines, mit bien souvent à une rude épreuve la patience de son vénérable oncle, l'abbé Varin, alors curé de Ligny, aux soins duquel il avait été confié. L'élève échappait souvent à la surveillance du maître; il fallait dépêcher à sa poursuite, et M. le vicaire de Ligny, le digne abbé Marote, aujourd'hui grand-vicaire de Verdun, remplit plus d'une fois la tâche laborieuse de ramener au bercail la

brebis fugitive. Pierre Varin porta cette fougue impatiente
de tout frein, au collège de Bar-le-Duc, où il termina ses
études; mais, déjà l'ardeur du savoir s'éveillait en lui et venait tempérer cet élan désordonné. Son diplôme de bachelier
obtenu, il se rendit à Versailles où l'appelaient quelques amis
de sa famille; et cet écolier indocile entra dans la carrière de
l'éducation d'abord par quelque poste de surveillant, et bientôt,
comme professeur d'histoire, dans la maison des pages du roi
Charles X. Là, plus libre de son temps, et déjà sollicité par
le goût des recherches historiques, il se livra à de sérieux travaux qui devaient plus tard lui ouvrir une seconde carrière,
quand les révolutions auraient brisé la première. En même
temps, il se jetait, avec toute la fougue de la jeunesse, dans
la querelle littéraire de l'époque, embrassant avec ferveur la
cause des novateurs; il poussait ce zèle, malgré les fortes
études qui l'occupaient et les fonctions graves qu'il remplis-
sait, jusqu'à composer des drames et des nouvelles romanti-
ques. Ce fut pendant son séjour aux pages que, par l'agré-
ment de son esprit et la sûreté de son caractère, il s'acquit
d'honorables amitiés qui survécurent aux événements, et l'at-
tachement sérieux de quelques-uns de ses nobles élèves. 1830
vint renverser cette position toute acquise et forcer Pierre
Varin, comme tant d'autres, à recommencer ses travaux et sa
carrière. La bienveillance de M. Villemain lui ouvrit alors
l'entrée de l'enseignement public, par une position modeste
et bien secondaire d'abord, au lycée de Versailles. Mais
sa verve et l'éclat de sa parole assurèrent son succès auprès
des élèves en même temps que ses connaissances le firent dis-
tinguer par ses collègues dans les luttes du concours général
des lycées. Il allait se présenter au concours de l'agrégation
d'histoire nouvellement institué, avec des chances de succès à
peu près certaines, lorsque tant d'inquiétudes et de travaux,
accumulés sur lui en si peu de mois, faillirent l'enlever à sa

famille et à la science. Après une longue et douloureuse maladie, et une lente convalescence, il fut appelé à la chaire
d'histoire du lycée de Reims qui venait d'être créée : il inau-
gura dans cette ville l'enseignement historique : avec quel
éclat! Les hommes les plus distingués de la Marne et des Ar-
dennes, qui furent ses élèves, le redisent encore. Attaché à
Reims par ses succès, il s'en fit dès-lors une seconde patrie,
consacrant, à son histoire et au dépouillement de ses archives,
tout ce qui lui restait de force et d'activité. Quelques-unes
mêmes des légendes les plus curieuses, qui se rattachent aux
monuments Rémois, lui inspirèrent de charmants récits, où
la grâce du conteur ravive et embellit de vieilles traditions.
D'autres articles, remarqués pour leur esprit et leur verve,
signalèrent la collaboration de M. Varin dans quelques-uns
des journaux et des recueils de la Champagne : car son activité était incessante malgré sa santé qui ne se remit jamais
complétement ; et si le choléra de 1832 l'épargna, ce ne fut pas
sans donner un nouvel ébranlement à ses nerfs malades et à
son imagination tristement préoccupée : cruel pressentiment
qui devait se réaliser dix-sept ans plus tard, à la seconde
invasion du fléau! Il subit en 1833, avec un éclat remarqué,
les épreuves de l'agrégation d'histoire. M. Guizot, alors ministre de l'instruction publique, et M. Villemain, vice-prési-
dent du conseil royal, informés par le président du jury,
M. Naudet, juge si compétent en matière d'érudition et d'histoire, du talent dont il avait fait preuve, voulurent, au milieu de leurs occupations multipliées, lire la composition par
laquelle il s'était assuré le premier rang, et adressèrent à
l'auteur les plus flatteurs compliments. Ces trois hommes si
éminents veillèrent dès-lors avec intérêt sur l'avenir du jeune
professeur, et l'engagèrent, d'une manière pressante, à se
livrer à la composition historique. Pour lui permettre de
réparer ses forces épuisées par les fatigues du professorat,

M. Guizot le nomma, dès cette même année (1833), censeur des études au lycée de Reims. L'administration municipale, de son côté, voulant s'attacher M. Varin, lui donna le titre de conservateur-adjoint à la bibliothèque de la ville, et lui facilita ainsi les recherches dans sa riche collection de manuscrits, recherches auxquelles l'avait convié M. Villemain, en le nommant membre correspondant du comité historique institué près du ministère; c'est alors qu'il recueillit, dans de longues journées d'études, tous les matériaux de l'ouvrage qu'il devait publier plus tard, en 10 volumes in-4.°, sous le titre d'*Archives administratives et législatives de la ville de Reims*. Il devait même résumer tous ses travaux en un ouvrage qui, sous le nom de *Monographie d'une commune au moyen âge*, aurait présenté la formation et les développements successifs de la vie municipale, pendant la féodalité, et depuis la prédominance de l'autorité royale; mais, d'autres travaux vinrent le distraire de l'exécution de cet ouvrage, qui eût été un des plus remarquables appendices de l'*Histoire du Tiers-Etat*, entreprise depuis sous l'inspiration du gouvernement, et si habilement exécutée par M. Augustin Thierry. En 1836 M. Varin fut appelé à Paris, par M. Guizot, comme secrétaire du comité historique établi près de son ministère; et les rapports presque journaliers avec les hommes les plus distingués dans les sciences historiques, que ce poste lui créa, animèrent encore son ardeur pour l'étude et donnèrent un nouvel essor à son ample talent; mais, en 1838, M. de Salvandy ayant créé de nouvelles facultés de lettres, voulut que M. Varin allât, comme doyen, inaugurer l'enseignement de l'histoire dans la faculté de Rennes. Il lui fallait, disait-il, dans cette contrée renommée par ses philosophes, ses poètes et ses jurisconsultes, un homme qui, par la sûreté de ses connaissances aussi bien que par l'éclat de sa parole, représentât dignement l'enseignement public et sût plaire à la fois aux intelligences sérieuses et aux jeunes imaginations. Là se renouvela, sur un plus grand théâtre, non plus devant des enfants, mais devant des hommes le succès qu'avait obtenu M. Varin à Reims; et, pendant six années que dura ce laborieux enseignement, les diverses classes de la société lettrée ne firent pas un jour défaut au professeur aimé et applaudi. Les journaux de la Bretagne se firent souvent les échos de ses triomphes, et l'éclat qu'ils jetèrent sur les débuts de la faculté nouvelle a survécu à ces rapides années. Là, au milieu de jeunes esprits d'élite qui entouraient sa chaire, il compta M. de Falloux qui, ministre depuis, ne perdit pas l'occasion de rappeler à M. Varin l'estime qu'il avait dès-lors conçue pour lui. M. de Salvandy, digne appréciateur du talent, l'avait dès longtemps récompensé de ses succès par la croix d'Honneur. Mais le succès ne dédommage pas de la santé, et les travaux auxquels il devait se livrer, pour répondre à la faveur si éclatante et si soutenue du public breton, la fatigue de la parole devant un auditoire nombreux, altérèrent de nouveau une santé toujours chancelante. Malgré la bienveillance du ministre, qui avait réduit pour lui le nombre des leçons obligatoires, il dût renoncer à un enseignement qui l'épuisait. M. Villemain le rappela à Paris en 1844 et lui assura un repos laborieux encore, en le nommant conservateur-adjoint à la bibliothèque de l'Arsenal. Dans ce poste désiré de M. Varin, pour les précieux documents qu'il mettait sous sa main, associé à l'habile M. Cayx, il trouva les éléments de nouvelles études. Ce furent entr'autres les papiers de la famille Arnaud qui provoquèrent ses investigations et donnèrent lieu à de piquants récits, où il se montra initié à tous les secrets des luttes théologiques du XVIIe siècle aussi bien qu'aux intrigues de cour qui s'y mêlèrent si souvent. Il en sortit un ouvrage en deux volumes, dans lequel l'érudition ne nuit pas à l'intérêt ni à l'esprit, et qui valut à M. Varin, avec quelques critiques, de chaudes approbations. La *Revue des deux Mondes* et les principaux journaux politiques ou littéraires en rendirent compte avec éloge. L'attention publique commençait à se porter sur cette œuvre, lorsque la révolution de 1848 vint absorber toutes les préoccupations dans la grande et unique question du salut ou de la ruine sociale. Des travaux d'érudition pure l'occupaient en même temps ; il lisait à l'Académie des inscriptions et belles lettres un Mémoire sur la lithurgie grégorienne dont ce corps savant votait l'impression dans ses Mémoires, et qui a vu le jour depuis, grâce à la bienveillance toujours active du savant secrétaire perpétuel de cette classe de l'institut, M. Naudet. Le cours qu'il avait professé à Rennes, sur les origines des Francs et les premiers temps de leur histoire, était revu par lui, rédigé en corps d'ouvrage et devait perpétuer le souvenir d'un enseignement qui, professé en province, loin de la presse parisienne et du retentissement qu'elle seule est en possession de donner aux travaux littéraires, était réservé au sort commun des enseignements de ce genre, même les plus éminents, à l'oubli, après un éclat passager. L'histoire de l'introduction et du développement du christianisme dans la Germanie, était encore une œuvre à laquelle Pierre Varin devait attacher son nom ; les nombreux matériaux qu'il avait rassemblés, la vie et le mouvement qu'il savait donner aux récits historiques devaient faire, de cet ouvrage, un digne sujet d'émulation entre lui et un jeune savant qui s'occupait des mêmes études, le regrettable Ozanam, mort comme lui dans la force de l'âge et du talent.

L'honneur d'appartenir à l'Institut était, depuis longtemps, le but auquel aspirait M. Varin : de nombreux et brillants suffrages assuraient presque le succès de sa candidature, lorsque l'impitoyable mort vint arrêter ses travaux et détruire toutes ses espérances. Le choléra décimait de nouveau la population parisienne dans ces brûlantes journées de juin 1849, qui virent s'ajouter à ce fléau celui d'une nouvelle guerre civile, lorsque le 10 juin M. Varin, excédé depuis longtemps par ses travaux littéraires, ayant fait des courses trop prolongées dans Paris, rentra chez lui malade. Bientôt il se coucha pour ne plus se relever. Dans la nuit une attaque du fléau régnant s'était déclarée; mais préoccupé du soin d'éviter toute alarme à sa famille, il avait caché ses souffrances et contribué par là, peut-être, à les rendre sans remède. Il passa une partie de cette nuit à rédiger ses dernières volontés; puis il adressa à ses amis, avec son suprême adieu, la prière de veiller sur ses enfants; il leur recommanda l'espoir de son nom, les œuvres qu'il laissait inachevées, legs pieux que l'amitié de MM. Naudet et Nathalis de Vailly a recueilli et religieusement exécuté. Le lundi la maladie s'aggrava et bientôt ne laissa plus d'espoir. Cependant M. Varin, qui conservait toute la liberté de son intelligence, toute la lucidité de sa pensée, fit appeler un prêtre auquel il s'adressait, et, fidèle à la foi qu'il avait puisée d'abord auprès de sa pieuse et sainte mère, et que plus tard les leçons et l'exemple du vénérable grand-vicaire, son oncle, avait fortifiée; fidèle aux sentiments chrétiens qu'il avait conservés pendant sa vie et qui s'étaient ranimés plus vifs pendant ses dernières années, il voulut mourir comme il avait vu mourir sa mère. Consolé par les divins secours, il attendit avec courage la mort qui venait le frapper, si jeune encore, et qui l'enleva dans l'après-dînée du mardi 12 juin.

Le vœu qu'avait exprimé M. Varin d'être enterré dans le village qui l'avait vu naître, auprès de la tombe de son père et de sa mère, fut respecté par ses enfants et par sa famille, malgré les obstacles qu'apportaient à l'exécution de ce désir les troubles du moment et la nature du mal auquel il avait succombé; son corps fut transporté à Brabant-le-Roi. Par les soins de sa sœur, religieuse de la Doctrine chrétienne, un monument lui fut élevé, avec une courte inscription, qui rappelle son souvenir. Là, les membres de sa famille viennent, dans un commun hommage, unir leur douleur et leurs regrets sur la tombe de celui qui leur fut si cher et qui, s'il lui eût été donné de vivre quelque temps encore, allait être la gloire des siens et l'honneur du hameau où il avait reçu le jour.

CH. LAIGLE.

Bar. Imp. de Numa ROLIN.